आशीर्वाद

अनंत बंधन के लिए मंगल कविताएँ

रश्मि विलास

BookLeaf Publishing
India | USA | UK

Made with ❤ on the BookLeaf Publishing Platform
www.bookleafpub.in
www.bookleafpub.com

Dedication

समर्पण

श्री गणेशाय नमः

इस पुस्तक को मेरी प्रिय बेटी आदिति के नाम समर्पित करती हूँ,
जो जीवन के इस नव पथ पर कदम रख रही है।
माँ के हृदय की सभी दुआएँ, प्रेम और आशीर्वाद उसके साथ रहें।

सपनों की छाँव में उसकी हँसी सदा खिलती रहे,
हर दिन मंगलमय, प्रेम और आनंद से भरा हो।

यह पुस्तक उसकी नई यात्रा के लिए मेरी पावन प्रार्थना है,
सदैव सुख, सौभाग्य और दिव्य कृपा से पूर्ण।

जय माता दी

Preface

भूमिका

विवाह जीवन का सबसे पावन उत्सव है – जहाँ दो दिल प्रेम और विश्वास से एक नए मार्ग पर बढ़ती हैं।

यह पुस्तक "आशीर्वाद" मेरी प्रिय बेटी आदिति के विवाह के शुभ अवसर पर, एक माँ के हृदय से निकली प्रार्थनाओं और मंगलकामनाओं का संकलन है। प्रत्येक कविता में स्नेह, कृपा और उज्ज्वल भविष्य की कामना बुनी गई है।

आशा है यह आशीर्वचन न केवल आदिति के लिए, बल्कि हर पाठक के लिए भी प्रेम और विश्वास की प्रेरणा बनेंगे।

भगवान का आशीर्वाद हमेशा हम सभी पर बना रहे I

जय माता दी

Acknowledgements

कृतज्ञता ज्ञापन

ईश्वर की कृपा और आशीष के बिना यह पुस्तक संभव नहीं थी।

मैं अपने परिवार, मित्रों और शुभचिंतकों की आभारी हूँ,
जिनका प्रेम और सहयोग सदा मेरे साथ रहा।

विशेष आभार अपने जीवनसाथी का,
जिनका स्नेह, धैर्य और प्रोत्साहन मेरे हर कदम पर साथ रहा।

विशेष समर्पण मेरी बेटी आदिति को –
जिसके विवाह के शुभ अवसर पर इस पुस्तक को जन्म दिया।

ईश्वर की असीम कृपा हम सब पर बनी रहे I

जय माता दी

1. प्रार्थना

श्री गणेशाय नमः

हे ईश्वर, सुन ले मेरी विनती,
नव जीवन के पथ पर बिखेर दे ज्योति।
सपनों की छाँव में खिले उसकी हँसी,
हर कदम पर बरसा दे तेरी कृपा।

मंगलमय हो उसका प्रत्येक दिन,
प्रेम और विश्वास से सजे हर क्षण।
संगिनी के संग उसकी राह सँवरे,
सुख, सौभाग्य और आनंद से भरे।

आशीष के मोती बिखेर उसके जीवन में,
सपनों को सच करने की शक्ति दे मन में।
शुभारंभ से लेकर अनंत बंधन तक,
तेरी कृपा रहे सदा उसके संग।

हर सुबह नई किरणों से सजे,
हर संध्या मधुर गीतों से बजे।

ईश्वर की छत्रछाया बनी रहे सदा,
आदिति का जीवन आनंद से भरे सदा।

हे प्रभु, मेरी प्रार्थना बस इतनी है,
उसके जीवन में प्रेम, प्रकाश और शांति रहे।
माँ की विनतियों की छाया तले,
नव जीवन उसका सदा मुस्काए, सदा खिले।

2. शुभारंभ

श्री गणेशाय नमः

नव जीवन का प्रथम कदम,
सपनों का सुगंधित आलोक।
प्रेम के दीप से जगमगाए,
आशाओं का हो शुभ संयोग।

आशीषों की वर्षा बरसे,
हर पल में मंगल गान।
विश्वास बने आधार उसका,
सुख से खिले जीवन का द्वार।

जीवनसंगिनी के संग सजे पथ उसका,
हर ऋतु में खिले प्रेम का उपवन।
दया, करुणा और स्नेह की छाया,
भर दे जीवन में मधुर स्पंदन।

ईश्वर की कृपा छाया बनकर,
सदैव संग उसके रहे।

यह शुभारंभ बने प्रतीक,
अनंत बंधन के लिए।

माता–पिता की प्रार्थनाएँ सजें,
मंगल दीप सदा राह दिखाएँ।
शुभारंभ ये केवल आज का नहीं,
अनंत सुख की ओर ले जाए।

3. सपनों का संगम

श्री गणेशाय नमः

दो राहें मिलकर अब एक हो गईं,
सपनों की सरिता एक संगम बन गई।
प्रेम की धारा निरंतर बहे,
विश्वास की किरणें जगमग उठें।

अब उसके सपने दोनों के हैं,
दो दिलों की धड़कन एक सी बने।
हर आशा में बहे मधुर स्वर,
हर आकांक्षा हो पूर्ण और प्रखर।

ईश्वर की कृपा से सजा यह बंधन,
दिव्य हो हर क्षण, पावन हर जीवन।
संगम केवल आज का नहीं,
अनंत काल तक अमिट रहे यही।

संगिनी संग बढ़े जीवन का सफर,
हर ऋतु में खिले प्रेम का समुंदर।

छाँव बने विश्वास की मधुर छतरी,
संगम में बसें सुख की सौंधी खुशबू।

माता–पिता के आशीष से सजे,
मंगल दीपक हर दिशा में जलें।
संगम का पावन आलोक,
भर दे जीवन में अनंत सौभाग्य।

सदा रहे साथ यह मधुर मिलन,
हर क्षण हो मंगलमय और प्रियतम।
सपनों का संगम, प्रेम का आलोक,
सजी रहे जीवन में आनंद का हर रूप।

4. मंगलकामना

श्री गणेशाय नमः

सजे बंधन, दीपों से महका घर-आँगन,
सपनों के पथ पर फैले प्रेम का संगम।
दो दिलों का मिलन, दो जीवन बने एक,
ईश्वर की कृपा से जीवन हो मधुर और नेक।

संगिनी संग बढ़े जीवन का हर सफर,
सपनों की नदी बहे निरंतर, अटूट, आशाओं से लबालब।
विश्वास की छाँव में खिलें हर आशा,
मंगलमय हो हर दिन, हर पल की आभा।

माता-पिता का आशीर्वाद सदा बना रहे,
हर दिशा में प्रेम का दीपक जलता रहे।
संगम यह आज का, अनंतकाल तक रहे,
सुख-शांति-प्रेम का हर क्षण साथ ले।

हर ऋतु में महके प्रेम का समुंदर,
सपनों की छाया में हो जीवन सुंदर।

हंसी, खुशी और उत्सव से भरे पल,
संगिनी संग सजे जीवन का हर एक हल।

ईश्वर की दया, आशीर्वाद और प्यार,
भर दे जीवन में उजाला और बहार।
मंगलकामना हमारी यह सच्ची प्रार्थना,
सदा रहे जीवन में आनंद, प्रेम और सुख समृद्धि निरंतर।

5. स्नेहिल स्पर्श

श्री गणेशाय नमः

दो दिलों की धड़कन संग-संग बहे,
स्नेहिल स्पर्श से जीवन महके।
सपनों की डोरी, विश्वास का साथ,
हर कदम बने प्रेम की मधुर सौगात।

मिलन की इस घड़ी में बिखरे शुभ उजास,
हर पल हो मंगल, हर क्षण हो उल्लास।
नव जीवन की राहें सुख से सँवरें,
स्नेहिल स्पर्श से रिश्ते निखरें।

माता-पिता का आशीष रहे अमिट,
हर दिशा में उजियारा फैले अनंत।
बंधन यह पावन, अटल और अडिग,
स्नेहिल स्पर्श से हो जीवन पुलकित।

ईश्वर की कृपा बरसे हर घड़ी,
सुख-शांति-समृद्धि से भरें झोली बड़ी।

संगिनी संग जीवन बने अनुपम,
स्नेहिल स्पर्श से खिले हर मौसम।

प्रियजनों का स्नेह, मित्रों का प्यार,
भर दे जीवन में आनंद अपार।
हर ऋतु, हर क्षण हो उजला प्रकाश,
स्नेहिल स्पर्श से खिले उल्लास।

सदा रहे जीवन में आनंद, प्रेम और मंगल निरंतर,
स्नेहिल स्पर्श से बने यह संगम अमर।

6. मंगल गीत

श्री गणेशाय नमः

गूंजे आँगन में मधुर रागिनी,
खिले मन में उमंग की कली।
प्रेम–स्नेह से सजे हर प्रहर,
बहे आशीर्वाद का मधुर स्वर।

मिलन की इस घड़ी में शुभ प्रकाश,
हर कदम पर हो सुख का निवास।
बंधन ये पावन रहे अटल,
हर ऋतु में खिले प्रेम का कमल।

माता–पिता का आशीष रहे संग,
हर दिशा में गूंजे शुभ मंगल–रंग।
प्रियजनों का स्नेह, मित्रों का प्यार,
भर दे जीवन में आनंद अपार।

ईश्वर की कृपा बरसे हर पल,
सुख–शांति–समृद्धि से भरे साथ।

जीवनसंगिनी संग जीवन बने अनुपम,
गूंजे सदा यह शुभ मंगल गीत हर मौसम।

7. प्रेम राग

श्री गणेशाय नमः

गूंजे मन में मधुर प्रेम राग,
सजे जीवन में खुशियों के भाग।
दो दिलों का संगम, दो जीवन बने एक,
सपनों की डोरी बंधे विश्वास के नेक।

मिलन की इस घड़ी में उजली ज्योति,
हर क्षण बहे प्रेम की शोभा अनूठी।
स्नेहिल स्पर्श से महके हर पथ,
सदा रहे जीवन में उल्लास और स्वास्थ्य।

माता–पिता का आशीष हमेशा संग रहे,
हर दिशा में दीपक प्रेम का जलते।
प्रियजनों का स्नेह, मित्रों का प्यार,
भर दे जीवन में आनंद अपार।

ईश्वर की कृपा बरसे हर पल,
सुख–शांति–समृद्धि से भरे जीवन की झोली।

संगिनी संग जीवन बने अनुपम,
सदा गूंजे यह मधुर प्रेम राग हर मौसम।

8. दो दिलों का मिलन

श्री गणेशाय नमः

दो दिल मिले, बंधन बना प्यारा,
सपनों की डोरी में बंधा विश्वास का सहारा।
स्नेहिल स्पर्श से महके जीवन का रास्ता,
हर कदम पर खिलें खुशियों का आसरा।

मिलन की इस घड़ी में उजला प्रकाश,
हर पल बहे प्रेम की मधुर साज।
माता–पिता का आशीष सदा बना रहे,
हर दिशा में दीपक प्रेम का जलते।

प्रियजनों का स्नेह, मित्रों का प्यार,
भर दे जीवन में आनंद अपार।
संगिनी संग जीवन बने सुंदर और अनुपम,
सदा गूंजे यह मधुर दो आत्माओं का मिलन हर मौसम।

ईश्वर की कृपा बरसे हर पल,
सुख–शांति–समृद्धि से भरी रहे झोली।

बंधनों में पावनता, हर दिल में उल्लास,
स्नेहिल स्पर्श से सजता रहे जीवन का हर आभास।

9. कृपा

श्री गणेशाय नमः

ईश्वर की कृपा बरसे हर पल,
सजे जीवन में प्रेम और उल्लास मिल।
दो दिलों का मिलन, बंधन हो पावन,
हर कदम पर खिलें खुशियों का सावन।

स्नेहिल स्पर्श से महके जीवन का मार्ग,
सपनों की डोरी बंधे विश्वास के साथ।
माता–पिता का आशीष रहे हमेशा संग,
हर दिशा में दीपक प्रेम का जलते।

प्रियजनों का स्नेह, मित्रों का प्यार,
भर दे जीवन में आनंद अपार।
जीवनसंगिनी संग जीवन बने अनुपम,
सदा गूंजे यह मधुर कृपा हर मौसम।

सुख–शांति–समृद्धि से भरे हर क्षण,
बंधनों में पावनता, हर दिल में उल्लास।

ईश्वर की दया और अनंत आशीष,
सजी रहे जीवन, प्रेम और विश्वास के साथ।

10. सप्तरंग आशीष

श्री गणेशाय नमः

सप्तरंग आशीष बिखरे जीवन में उजाला,
हर रंग में महके प्रेम और प्यारा नज़ारा।
दो दिलों का संगम, मिलन हो पावन,
सपनों की डोरी बंधे विश्वास के साजन।

स्नेहिल स्पर्श से महके हर कदम,
हर पल हो मंगल, हर क्षण आनंदमय।
माता-पिता का आशीष सदा बना रहे संग,
हर दिशा में प्रेम दीपक की झिलमिल रोशनी।

प्रियजनों का स्नेह, मित्रों का प्यार,
भर दे जीवन में आनंद अपार।
जीवनसंगिनी संग जीवन बने अद्वितीय,
सदा गूंजे यह मधुर सप्तरंग आशीष हर मौसम।

ईश्वर की कृपा बरसे हर पल,
सुख-शांति-समृद्धि से भरे जीवन की झोली।

बंधनों में पावनता, हंसी और उल्लास,
सप्तरंग आशीष से सजता रहे जीवन का हर आभास।

11. विवाह सूत्र

श्री गणेशाय नमः

सजते हैं बंधन, गूंजे मंगल गीत,
दो दिलों की डोरी बंधे प्रेम की प्रीत।
सपनों की डोरी में बंधा विश्वास,
हर कदम हो सुखमय, हर राह प्रकाश।

स्नेहिल स्पर्श से महके जीवन का पथ,
माता–पिता का आशीष हमेशा साथ।
प्रियजनों का स्नेह, मित्रों का प्यार,
भर दे जीवन में आनंद अपार।

विवाह सूत्र में बहे प्रेम का रस,
हर क्षण हो मंगल, हर दिन उल्लास।
ईश्वर की कृपा बरसे निरंतर,
सजी रहे जीवन, प्रेम और समृद्धि भरपूर।

जीवनसंगिनी संग जीवन बने अनुपम,
सदा गूंजे यह मधुर विवाह सूत्र हर मौसम।

12. दिल की बात

श्री गणेशाय नमः

दिल की बात जुड़ी है प्रेम के रंगों से,
सपनों में बसी हंसी और उमंगों से।
दो दिलों का मिलन, जीवन बने एक,
सपनों की डोरी बंधी विश्वास के नेक।

स्नेहिल स्पर्श से महके हर रास्ता,
हर पल हो मंगल, हर क्षण बना उजासा।
माता–पिता का आशीष बना सदा साथ,
हर दिशा में चमके प्रेम का दीपक उज्ज्वल प्रकाश।

प्रियजनों का स्नेह, मित्रों का प्यार,
भर दे जीवन में खुशियों का संसार।
संगिनी संग जीवन बने अनुपम,
सदा गूंजे यह मधुर दिल की बात हर मौसम।

ईश्वर की कृपा बरसे हर घड़ी,
सुख–शांति–समृद्धि से भरी रहे हर निधि।

बंधनों में पावनता, हंसी और उल्लास,
दिल की बात से महके जीवन का हर आभास।

13. स्नेह और कृपा

श्री गणेशाय नमः

स्नेह और कृपा से सजे जीवन के रंग,
हर दिन महके प्रेम और उमंग।
दो दिल मिले, बंधन बना प्यारा,
सपनों की डोरी बंधे विश्वास का सहारा।

मिलन की इस घड़ी में उजली ज्योति,
हर क्षण बहे आनंद की मधुर शोभा।
सपनों के आँगन में खिले आशा के फूल,
हर दिशा महके प्रेम का अनुपम मूल।

माता–पिता का आशीष बना हमेशा संग,
स्नेहिल शब्दों में हो जीवन का हर रंग।
प्रियजनों का प्यार, मित्रों का साथ,
भर दे जीवन में खुशियों का अपार प्रकाश।

संगिनी संग जीवन बने सुंदर, अद्वितीय,
हर दिन हो मंगल, हर क्षण हर्षित और जीवंत।

ईश्वर की दया बरसे निरंतर,
सदा महके जीवन, प्रेम और कृपा की छाया।

हर ऋतु में खिलें विश्वास और उल्लास,
स्नेह और कृपा से सजता रहे जीवन का आभास।
बँधनों में पावनता, हंसी और उमंग,
स्नेह और कृपा से गूंजे हर दिल की गूँज अनंत।

14. पवित्र यात्रा

श्री गणेशाय नमः

दो दिल चले पवित्र पथ पर,
प्रेम, आशीर्वाद और विश्वास से सजा हर सफर।
सपनों की डोरी बंधी उजली आशा में,
स्नेहिल स्पर्श महके जीवन की हर भाषा में।

स्नेह और आशीष बहे हर दिशा में,
हर कदम में खिलें उमंग और विश्वास के फव्वारे।
प्रियजनों की मुस्कान, साथ उनका प्यारा,
भर दे जीवन को सुख और उल्लास से उजियारा।

हर सुबह हो नई, हर शाम मधुर गीत,
ईश्वर की कृपा से महके जीवन की हर प्रीत।
बंधनों में पावनता, हंसी और उल्लास,
सपनों की डोरी से महके जीवन का हर आभास।

सदा महके जीवन, प्रेम और कृपा की छाया,
सजी रहे यात्रा, आनंद और विश्वास के साथ।

हर दिन खिले उजली उम्मीदों के फूल,
पवित्र यात्रा में बहे आशीर्वाद अनमोल।

15. मंगल मिलन

श्री गणेशाय नमः

सूरज की पहली किरण से महके जीवन का आलोक,
दो दिलों की धड़कनों में बहे प्रेम का मधुर लोक।
हँसी की लहरों में खिलें विश्वास के फूल,
सपनों की राहों में बहे दैवीय धूल।

साथ उनके हर पल बन जाए गीत,
हर क्षण हो शुभ, हर राह हो प्रीत।
आशीर्वादों की छाया में खिले नई उमंग,
स्नेह और भक्ति से महके हर रंग।

प्रियजनों की मुस्कान, शब्दों में प्यार,
भर दे जीवन में खुशियों का अपार संसार।
बंधनों में पवित्रता, हृदय में उल्लास,
संगिनी संग जीवन में महके हर आभास।

हर साँस में बहे प्रेम और दैवीय कृपा,
सपनों की डोरी बंधे सहजता और श्रद्धा।

मंगल मिलन की यह पावन घड़ी,
सदा सजती रहे हृदयों में आनंद और संतोष की झड़ी।

16. नया जीवन

श्री गणेशाय नमः

नये जीवन की राहें खिले उजली आशा में,
दो दिलों ने पाया प्रेम का मधुर साम्राज्य।
सपनों की गलियों में बहे विश्वास की धारा,
हर क्षण महके स्नेह और अनंत सहारा।

हँसी की लहरों में झिलमिले नयी खुशियाँ,
सपनों के बग़ीचे में खिलें प्रेम की ज्योतियाँ।
माता–पिता का आशीष सदा बना मार्गदर्शक,
ईश्वर की कृपा से महके हर पल अनुपम।

संगिनी संग हर सुबह हो नई, हर शाम उजली,
हर क्षण में बहे मंगल, हर दिन बन जाए प्यारी धुन।
प्रियजनों की दुआओं का मधुर संगीत,
भर दे जीवन में सुख, उल्लास और अनंत प्रीत।

बंधनों में पावनता, हृदय में श्रद्धा और विश्वास,
सपनों की डोरी से महके हर कदम का आभास।

नये जीवन की यह घड़ी सजीव, सुंदर और निराली,
सदा गूंजे इसमें प्रेम, आशीर्वाद और दिव्य कहानी।

17. सफल मिलन

श्री गणेशाय नमः

प्रभात की किरणों-सा उजला यह संग,
दो दिलों में गूँजे अनंत राग और रंग।
सपनों की राहें अब हो गईं एकाकार,
हर सांस में बस जाए प्रेम का विस्तार।

हथेलियों में थामे आशीष की रोशनी,
हर कदम बने नयी ऊर्जा, नयी कहानी।
हवा में घुली दुआओं की कोमल महक,
जीवन में बहे विश्वास और स्नेह की लहर।

मुस्कानों से सजे हर दिन के पल,
हर क्षण में महके दैवीय प्रेम का सुवास।
मन के आँगन में उगे नये विश्वास के फूल,
हर ऋतु बने बसंत, हर दिन बन जाए अनमोल धुन।

प्रिय आँखों में झिलमिलाए आशा के सितारे,
हर स्पर्श में मिले स्नेह के अनमोल सहारे।

सफल मिलन का यह पावन उत्सव,
प्रेम, कृपा और आनन्द से हो सदा परिपूर्ण।

18. सुखमय जीवन

श्री गणेशाय नमः

नये सवेरे की रोशनी-सा उज्ज्वल यह मिलन,
दो दिलों के संग सजे अनंत हर्ष का संगम।
सपनों की पगडंडी पर खिले नयी कलियाँ,
विश्वास की छाँव में बहे मीठी हवाएँ।

जीवनसंगिनी के संग हर क्षण हो उत्सव सा प्यारा,
हँसी में झरें आशीष, दुआओं का उजियारा।
अनकही भावनाओं का मिले मधुर सहारा,
हर सांस बने प्रीत का गीत, सुख का किनारा।

आशीर्वादों की गूँज हो हर दिशा में,
स्नेह और कृपा बरसें इस बंधन की अभिलाषा में।
प्रेम का दीपक जलाए भीतर की ज्योति,
हर राह में मिले सहजता, शांति और ज्योति।

हर ऋतु में खिले नई उम्मीदों के रंग,
हर पल में गूँजे मधुर संबंधों के संग।

सुखमय जीवन की यह पावन डगर,
बने ईश्वर की कृपा और प्रेम का सुंदर सफर।

19. अनंत बंधन

श्री गणेशाय नमः

सूरज की पहली किरण से महके यह संगम,
दो दिलों के संग सजे अनंत हर्ष का संगम।
हँसी और विश्वास के फूल खिले हर कदम,
सपनों की राहों में बहे स्नेह की मधुर लहर।

जीवनसंगिनीसंग हर पल हो उत्सव सा प्यारा,
हर स्पर्श में झरें आशीष, प्रेम का उजियारा।
हृदय में बहे प्रेम और आशीर्वाद की ज्योति,
बंधनों में गूँजे स्नेहिल विश्वास की मिठास।

प्रियजनों की दुआओं में छिपे मधुर गीत,
हर क्षण में महके अनंत प्रेम की प्रीत।
सपनों की डोरी बंधे श्रद्धा और संग,
जीवन का हर दिन बने मंगलमय रंग।

स्नेह और कृपा की बारिश बरसे निरंतर,
हर रास्ता हो उजला, हर कदम हो सुरक्षित।

अनंत बंधन की यह पावन डोर, स्नेह और आशीर्वाद की रोशनी में।
सदा महके यह बंधन, प्रेम और आशीर्वाद के संग।

20. आशीषधारा

श्री गणेशाय नमः

संध्या के रंगों में घुली मधुर आभा,
दो मन मिलें जैसे झरनों की प्रार्थना।
हवा में गूंजे कोमल संगीत का नाद,
स्नेह की लहरें बनें अनंत प्रसाद।

आँखों में जगमग आशा के दीप,
हर मुस्कान बने आशीष की सीप।
सपनों की राहें खिलें पुष्प–सी कोमल,
हर कदम पर महके कृपा का पावन सुवास।

हथेलियों पर लिखे प्रेम के अक्षर,
हर धड़कन में उठे कृतज्ञता के स्वर।
मधुर शब्दों से बने ऐसी सीढ़ी,
जो दोनों को ले जाए नए सपनों के आकाश तक।

हर मिलन बने ईश्वर का अनमोल उपहार,
दोनों के जीवन में बहे सुख–स्नेह की धार।

आशीषधारा में घुला है उजला प्रकाश,
हर दिन बने नया गीत, हर क्षण बने उल्लास।

21. नव प्रकाश

श्री गणेशाय नमः

सवेरे की पहली किरण संग झलके नयी आशा,
दो हृदयों ने पाया प्रेम का मधुर उल्लास।
हवा में घुलें सुख और विश्वास के गीत,
सपनों की राहें खिलें जैसे पुष्पित प्रीत।

जीवनसंगिनी के संग हर पल हो उत्सव सा प्यारा,
हर मुस्कान में झरे आशीष का उजियारा।
हाथों में बंधे सपनों की नर्म डोरी,
हर कदम पर महके कृपा की मधुर सवारी।

मन में बहे प्रेम और आशीर्वाद की ज्योति,
बंधनों में गूँजे स्नेहिल विश्वास की मिठास।
मधुर शब्दों से बने ऐसे स्वप्निल पुल,
जो ले जाए दोनों को नए उजले क्षितिज तक।

हर मिलन बने ईश्वर का अनमोल उपहार,
जीवन में बहे सुख–स्नेह की अपार धार।

नव प्रकाश में घुला उजला प्रेम और रोशनी,
हर दिन बने नया गीत, हर क्षण बने खुशी की धुन।

जय माता दी

www.ingramcontent.com/pod-product-compliance
Lightning Source LLC
LaVergne TN
LVHW022030200926
848481LV00007B/2625
9798900815176